JN437151

꽃이 되고 싶었다

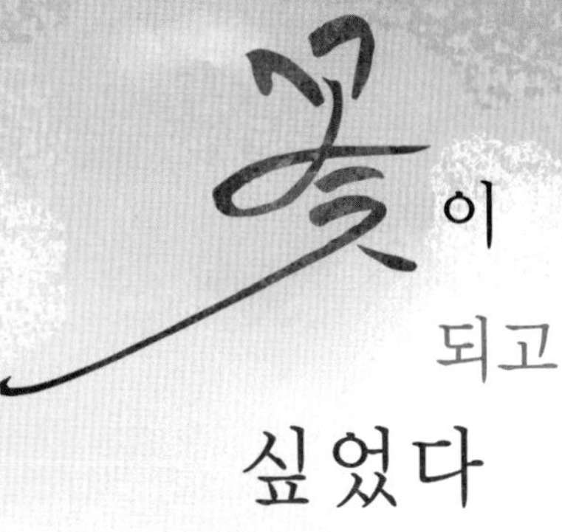

꽃이 되고 싶었다

차복순 시집

한 조각 추억마저 허락되지 않은

추억을 안고 님 기다리던 꽃

덧없는 세월 꿈꾸다 보니

꽃은 시들고 나비는 날갯짓 접는구나

도서출판 천우

● 시인의 말

섬마을 총각 선생님도 아니건만 어쩌다
오는 사람 성심성의껏 맞이하여
가는 사람 편히 보내드리는 고향 지킴이
시골 아낙네로 푹 젖어 살아온 세월
돌이켜보니 테이프가 풀리듯 스크린 속 장면들이 어제 일처럼
선명하게 가슴 먹먹한 채로 되돌아갈 수 없는 시간 앞에 떠올라 빗물처럼 흐른다.

따사로운 햇살 아래
고운 미소가 있었는가 하면 먹구름 몰려와
감당할 수 없는 파도 속에 길을 잃고 헤맸던 수많은 날들…
그랬었다
감추고
감추고
또 감추고

시커멓게 타버린 빈 가슴 보일 수가 없어 숨겨왔던 지난날들
그렇게 울분을 마시며
살아온 긴 터널 속 연가는 언제였는지 알 수 없지만 이따금씩
흐린 날씨 습도를 틈타 팔다리 저려오고 혈관의 붉은 피
원활하지 못한 흐름 탓으로 마비 증세를 보일 때면 달님과 노닐다
잠드는 때를 놓치고 뒤척이던 시간
친구가 되어 주던 습작노트를 꺼내들고
하얀 여행을 했었던
수많은 날들이 흐르는
빗물 타고 잿더미 속에서도 희망의 씨앗으로 움트며 발아되고 있었다.

이내 습작의 잔뿌리가

뇌리에 내려 춤추는 행과 연으로 추억되고 역사가 되어
앞날을 밝혀줄 등불 앞에 길이 보이는 듯
설레는 소녀가 되어 봄날을 찾아가듯
부푼 가슴으로 시간을 맞이하며 덤덤히 토해내는 날들 속에 허연 머리카락 내려도
한번쯤
윤기 사라져 빛바랜 꽃잎 향기 없는 불꽃 태워 보리라
불타는 붉은 노을 훨훨 피워 보리라
생애 마지막 꿈을 꾸며...

사월 끝자락
새벽이 눈을 뜨는 시간에

실과 바늘

남선현(시인, 고흥작가회장)

맑고 푸른 밤하늘에 어둠을 뚫고 빛나는 별처럼 정신을 번뜩이게 하던 날, 함께 시(詩) 공부를 하는 시인께서 시집을 내기 위해 준비하고 있다며 불쑥 내민 시편들이 100편이 넘게 정리돼 있었다. 참으로 반갑고 기뻤다. 그래 그동안 얼마나 많은 밤을 시를 쓰기 위해 하얗게 지새며 자신의 정신을 다잡았을까? 현실을 직시하며 생활의 활력을 찾기 위해 노력했을까? 이런저런 생각을 하며, 원고를 받아들고 집에 와서 편 편을 깊이 있게 읽으며 화자의 감성에 힘을 실어본다. 마치 뜨개질하듯 한 올 한 올 써내려간 시편에는 시인의 치렁치렁한 생활이 녹여져 서럽게 울기도 하고 침침한 눈으로 반전 없이 뜨개질된 코를 풀어헤쳐, 눈물로 실을 적신 빛바랜 실타래를 움켜잡고 내면의 세계를 수놓은 절절함이 독자(청자)께 못내 가슴 시리게 할 것이다.

시(詩)는 메타포(metaphor)라 했는데 설령 그 반

대의 정서로 짜여진 옷이라고 해서 나름의 시적 정서가 희석되지는 않는 것이다. 복잡다단한 생활의 편린이 어느새 가슴에 사리처럼 굳어가는 세월의 빗장이 함의 없이 무의미한 그늘로 드리워진 마음을 깁기 위해 뜨개질 실타래에 정신을 새기듯 시를 만나 표출하며, 주변을 시편에 담아보려 했다고 시인은 이야기하고 있다. 그렇다. 뜨개질하다 바늘에 손톱 사이가 찍힌 줄 모르고 피가 밴 실을 닦던 이중적인 정신을 시를 발아하며 한 가닥 후련함을 느낄 수 있었다는 화자의 당찬 모습이 멋진 중년의 아름다움이 아니겠는가 싶다.

처음 내는 시집, 얼마나 많은 사연을 담고 싶었을까? 처음이라는 설렘과 두려움 두근거림, 시인은 잠도 못 자고 준비하고 있을 것이다. 이런 기분은 나이와 상관없이 누구나 인간이라면 느끼는 원초적인 본능이 아니겠는가. 누가 뭐래도 정체성을 잃지 않으려 자신과 주변의 관계설정에 고민한 흔적들이 시편에 녹아있음을 간과할 수 없는 것이 시골 정서이고 문화임이 숨길 수 없는 현실이다. 서럽고 슬픈 것이 엄습하는 일련의 세월 속에 시인을 중심으로 이루어진 시적 정신세계는 어느 한적한 시골의 정겨운 모습으로 발현돼 있으므로 함께 공감하며 박수를 보내고 있음이다.

다양한 코잡기로 여러 형태를 만들 듯, 시적 온화함도 널뛰는 그리움도 코막음 겹치기로 화살코의 날줄을 바늘에 꿰어서 한 땀 한 땀 씨줄에 엮어 마무리 작업에 매진하는 시인의 고뇌가 독자의 감성에 스며, 시집에 담긴 언어적 미학이 투박하고 거친 실타래에 엉켜 보편타당한 감흥이 치렁치렁 흔들리고 있다 해도 그 또한 시인이 세상을 향해 포효하는 외침으로 인정해 주었으면 하는 바람으로 두 손 모아 본다. 고즈넉한 시골의 정취가 노년에 물든 저녁노을 되어 붉게 타오르듯, 시인의 시 창작의 길이 행간의 여백으로 남아 오래오래 형상화돼 실과 바늘처럼 독자와 함께하길 기대한다.

제1부

거꾸로 걷던 시간

제2부

그리움의 뜰

제3부

봄날의 기도

제4부

가족사진

제1부

거꾸로 걷던 시간

꽃이 되고 싶었다

호랑나비 날아와
날갯짓 춤을 출 때
입맞춤 허락하는
꽃이 되고 싶었다

천둥 번개 우박
이겨내고
휘몰아치던 북풍 바람에도
꺾이지 않았다

한 조각 추억마저
허락되지 않은
추억을 안고
님 기다리던 꽃

덧없는 세월 꿈꾸다 보니
꽃은 시들고
나비는
날갯짓 접는구나

거꾸로 걷던 시간

스쳐 지나가는 바람이 아니었으리라
내 마음도 그랬으니

애틋한 한 가닥
아름다운 옛날이 그리워
찾았을 것이다
내 마음도 그랬었다

초련의 호수 가득 채워
육신의 옷을 걸치고
영혼의 속살을 다 주었다
추억의 정원에서

기억을 더듬어
너를 보았으며
장대비 속에서도
북 치고 장구 치고
굿판을 벌리며
홀로 몸부림의 열병을 알아 눕고

매서운 바람의 상처
온몸이 흔들리고
추스려 챙기려니
하늘을 떠돌던 비구름이 내린다

쏜살같이 익어가는 시간
혼을 담았던 고행의 질그릇
따뜻한 온기를 가슴에 품었으니

이젠 알을 깨고
일어서야지
또다시 걸어가 보련다
거꾸로 걷던 시간을 되돌아

유리구슬 얼음꽃

1년 365일
무탈의 정월기도
발걸음이
어스름 새벽 문 열어
길을 나선다

산사의 목탁소리
어둠 흔들어 깨우고
허리춤의 응석 달래며
가파른 계단을 오를 때쯤

솔잎에 집 짓고
끝눈마다 또랑또랑
눈을 뜨는 유리구슬 얼음꽃이
활짝 웃고 있었다

심장에 꽂힌 심지
솔향 품어 눈에 안고
108배 묵언수행
마음 안에 담으며
무거운 짐 새털처럼 날아갈 때

참회의 눈물
촛물 되어 뚝뚝 흘러내리고
아침 햇살에 호사를 누릴 즈음
유리구슬 얼음꽃이 파르르
떨고 있었다

첫사랑

가로수 사이 길에
태양이 쏟아져 내리고
뽀얗게 물든 마음
수줍게 훔쳐보던
전설 같은 이야기

비눗방울 무지갯빛
방울방울 피어나
파란 세상 날아올라
오르골 춤을 추었지

하늘 정원
애기단풍 불타는
가지 위에
구름날개 올려놓고
동화 나라 그네 줄에 매달려

세월 가도 간직하리라
마디마디 그리움
석양빛에 고백하며
책갈피 속 네잎클로버가 되었지

구만리 먼길 떠났건만
만남도 헤어짐도 모른 채
세상살이 묻히고 잊혀진
소녀의 오솔길

빛바랜 노을
마른 잎 되어가고
세월의 흔적
잔잔한 호수처럼
아름다운 추억으로
내 안에 고여 있는 너

철의 여인

하늘 눈물
마른 잎 적시며
가을이 달려
겨울이 힐끔거리는 날

혼자 마시는 커피 향은
익어가는 가을 냄새
우려내고
주머니 속 깊숙이 간직한 지난날들
몽땅
허전함에 아른거리는데

붉게 물든 잎새처럼
함께 나눈 사랑도
마른 낙엽 되어
날아가 버리고
흐르는 세월 타고
잔주름 이기지 못한 채
향기마저 잃어버린 삶

반짝이는 추억을
고흥만 은빛 물결 위에 띄워 놓고
나약한 뒷모습
씩씩한 포장을 두른 채
아직도
뒹구는 철의 여인

석양 빛 타고 넘는
가을을 끌어안은 채
미련인지
미련함인지 모를
가슴속 아우성 소리
계절 끝에 매달려
떨고 있구나

내 안에 남아있는 너

조용한 너
그런 너가
망설임의 매듭을 풀어
큰 용기 가슴에 품고
지난날을 찾아준 고마움

목소리 들어 고마워서
나란히 걷고 감사해서
또다시 널
그려볼 수 있도록
아름다운 추억 만들어 주었지

꿈을 향해 걸어가는
제2의 인생길
그 길에
풋풋했던 옛 추억
잠자고 있던 감성
깨워 보내주었구나

내 안에 남아 있는 너

까만 눈썹 만져보진 못했지만
그 마음 들여다보진 못했지만
푸른 바다 위
떠오르는 태양
함께 하진 못했지만

깊고 짙은 고운 빛깔
향기 실은 바람으로
세상 담을 수 있도록
밝은 등불 앞에
날
데려다주었구나

하루의 허락

사랑
연습의 날들
지나고 보니 한때는
전부라고 생각되었지
영원히 함께 라고

오랫동안 아파했었다

복숭아 솜털처럼
풋풋했던 날들
용광로 불기둥처럼
피 끓는 청춘의 날들도
세월은 여기까지 흐르고

벚꽃 춤추는 봄날
한편의 서정 영화처럼
묘한 마력의 바람으로
이루지 못한 사랑의 절절함이
꿈틀거리며
가슴은 뛰고 있었다

육신의 주인으로
살아갈 시간들이 얼마나 남았을까
아름다운 망각의 동굴
꿈에서 깨어나
이제는 알겠다

성큼
먼길 와 버렸으니
서로가 함께 있는 듯
노을 바라보면서
눈부신 하루의 허락을 기록해야지
떠나고 나면 남은 자
아프지 않도록

헛된 꿈

꽃을 따고 싶어
벌들은 꽃을 찾아오나요
비밀은 무겁고 나눌 수가 없으니
속만 탑니다

큰소리로 꺼억꺼억 울고 싶을 땐
울어야 하겠지요
벌과 나비 날아들어
꽃은 향기를 피우리라
한 치의 의심도 하지 않았습니다

문 닫고 벽을 드리우니
아방궁 궁전에 부채춤이 탑을 쌓고
둘이서 걷자던 별님은
이 밤 다 가도록
찾아오지 않으니

심술보 혹 하나
훌훌 털고서
아~자
새벽을 홀로 깨웁니다

출구 없는 기다림

너와 나 우리
그리움 길이 있듯이

오늘도 지치지 않은 하루가
별을 센다고 얼마를 더 걸어야
그곳에 무지갯빛 찬란한
희망 볼 수 있을까

잊힐 만 꿈틀거리는
촛불은 타오르고 영원한
가시 수평선 끝자락에서

그대 그물에 갇힌 채
한 줄의 너울 바다
파도를 타고 두근거리는
리듬의 소리를 듣는다

고향 바닷가 뿌리 심고
꿈 하나 얹어 푸른 소나무 되어서

영원토록 식지 않은 기다림의 온도
이 밤 지난날 들추며 그 자리에 머문다

꿈속의 사랑

새싹 돋아나던 따사로운 어느 봄날
아지랑이 피어오르던 오솔길에
스쳐 지나가던 임 그림자
소스라치게 놀란 가슴

그날의 심장소리 듣고파
오늘도 난 꿈을 꾼다

어디선가 불어오는 시원한 바람결에
뭉게구름 떠가는 하늘 위로
임 모습 그려보던

그날의 설렘 느끼고파
오늘도 난 꿈을 꾼다

창가에 턱 괴고 앉아
무심히 바라보는 들판
오곡이 무르익어 가을이 오는 소리

가슴 덜컥 멀리 있는 임 보고파
오늘도 난 꿈을 꾼다

추억 귀퉁이

떠나고 없다
애잔한 추억만을 남겨둔 채

뱃머리에 남아 호미들고 득득
자갈밭 헤치며 바지락 주워 담고
모래밭 뛰놀며
점심시간 기다리던 아이들
주전부리 배 채우고
땡볕 바다 바람에 까맣게 그을린
구릿빛 얼굴
찡그리며 잠들곤 하던 곳

늦은 점심시간
뒤뚱거리며 나타나던
조그마한 낚시 배
손 흔들어 웃어주던
임 모습 간곳없고

머리카락 쓸어 올리며
펄펄뛰던 생선 초장 찍어 넘기던
은비늘 향기만

목살을 치며 일렁거림으로
바람결에 떠다니는 곳

맑은 물 나이테는
뚝뚝 끊기어
여기저기 갯벌 위에 뒹굴고
굽은 해 그림자
생목 기침으로
울어대는 그날들

어제는 말라버린 가슴소리 들으며
동창 벗님과
해안도로 따라
그곳
신흥 바다 갔었다

숲속 이야기

녹음 짙은
밀창문 두드리며
4월 선 새벽
꿈벅 꿈벅 실눈 뜬다

은은한 편백향
울타리 없는 숲의 축제장
뿌리칠 수없는 유혹의 휴일
가파른 한라산
눈밭 길 걸어가듯
빠른 숨소리 땀방울 태우며
자박 자박
오르내리던 길

쉬어가는 길목마다 된 서리 거두어간
열매나무 밑동에 모여든 새들의 노래
한시름 덜었다며
지지배배
소근소근
스치는 바람결에
봄 향기 가득 내어준다

발자국마다 서연하게
뇌리 에워싸는 빈자리
말똥말똥 슬픔이 일고
걷고 있는 등 뒤로 지나간 그림자 출렁거릴 때
그리움 채워주던 편백숲

밤새
흘러내린 눈물
미세한 떨림으로
3월을 안녕하고
고요한 초록 숨소리
생명을 잉태하며
초연히 계절을 걷는다

세월

겨울은 점점 깊어져
하얀 속살
차갑게 드러내며
다가오니

고구마 삶던
아궁이 속 금불 타고
검스럽게 누런 아랫목
옹기종기 발가락 부비던
그때가 살갗을 스친다

홀로 가슴앓이 하고
이별하고 그렇게 잊혀진 추억
고향의 껍질을 벗고 하얀 도화지 위에
꿈을 펼치며 푸른 하늘 날뛰던
동화 같은 청춘의 날들

얼어붙은 창가 순백의 마른 가지에
묻어나는 풍경소리 가고 없는 임 붙들고
보내는 시간 속에 훌쩍 마른 잎 되어

허연 머리카락 내리고 굽어진 허리 사이
세월 가는 것을 예전에 미처 몰랐네

앙상한 그림자 우리네 가는 길
무덤이 보이고 가까스로 버티던 돌탑
무너지는 소리 와르르 아파서
너무 아파서 그냥 피식 웃는다

소금꽃

하늘 아래 바다 위에
아버지의 아버지
조상 대대로
갯벌에 바둑판 집을 짓고

이백사십 시간
부모 세월 바람과 뙤약볕에
짠 물결 말리는 하루살이

여름날 변덕
천둥 번개 벼락치고
소낙비 내리면
쏜살같이 사라지는 꽃

도깨비에 홀린 듯
아버지 기막힌 허탈감
주막집 눌러앉고
어머니 식음을 전폐하니

지난날 아픈 가슴
되살아나고

언제나 처음 가는 오늘
또다시 두려운 바닷길

아버지 거북 손등
헤진 상처 아물 때까지
흐르는 눈물로
피어나는 꽃

어머니 산고의 진통
겪고서야
마른 옷 갈아입고 피어난
하얀 소금꽃

조그마한 동산

님 모습 보는 날
하루가 온통 기쁨에
심장소리 쿵쾅거릴 때면
조용히 찾아 숨 쉬던 곳
맑은 새소리 청명한 하늘
그립습니다

고개 들면 물안개
모락모락 피어나던 곳
신발 벗어 나란히
사뿐사뿐 거닐던
나만의 왕국
조그마한 동산

봄이면 새싹 강인함 보았고
여름 되면 평화로운
바람소리 들었습니다
가을 되어 고운 단풍 물들면
그 사랑 물들어
가슴에 차곡차곡

저물어 가는 저녁노을
빛바랜 그림자 드리우니
속절없이 그립습니다
그 옛날 꿈꾸며 뛰놀던
나만의 왕국
조그마한 동산

가을 여자

회색 빛 옷을 입은
아침이
창문을 두드립니다
어제도
그제도

내일은 화사한 차림의 불빛으로
둥지 튼 어둠을 밝혀
물안개 깨우는
아침이 찾아와 주길
기도합니다

남도의 끝자락
시골에도
가을이 무르익어
은행나무 줄지어 노란 옷 갈아입고
애기단풍 울긋불긋 피어나는데
소나무 집 붉은 해
제집 찾아
뉘엿뉘엿 기울 적

어지러운 마음이
터줏대감 쫓아내고
주인인 양 자판을 벌리니
텅 빈 가슴
높다란 자존심마저
제멋대로 설레며 진을 치고 있어서
허전함 달래느라 밤새 뒤척이다

기다림
그리움에
지친 하루 귀퉁이도
붉게 물든 바람이 찾아와
빛바랜 편지 한 장
가슴에 심고서

실오라기 훌훌 벗어버리고
바람개비 풍선 달고
꿈길 날아오른
나는 가을 여자

가을 끝자락

햇살 한줌 풍성한
주말 아침
마음가락 읊조리며
지난날에 젖는다

어릴 적 그리운 아이는
소매 끝에 쓱쓱
가을을 한입 깨물고
훨훨 날아드는
단풍잎에
아삭아삭 뒹군다

단발머리 새침데기
풋사랑 사내아이
설레임을 아는지
슬쩍 꿍 외길 따라
구름 여행을 홀로 홀로

땡땡이 원피스에
뒷굽을 가득 세워
시집 서너 권 팔 춤에 끼고서

캠퍼스 낙우송 그늘 밑
피어나던 꽃송이

팔딱팔딱 뛰던 꿈들
어느 낯선 메마른 땅
불타는 사랑을 찾아
뿌리내려 품에 안고

가시밭길 외줄 타고
아득한 늪을 헤쳐
어느새
흰 머리카락 한 다발
히죽히죽

뿌연 하늘빛에
입가에 잔주름을
가득 안고
여민 옷깃에
쓸쓸함이 젖는다

재회(再會)

가시수평선(可視水平線) 눈을 뜨고
물비늘 춤을 추는 평화의 땅
너와 나 우리들 고향에서
한 폭의 풍경화를 감상하며
선 잠 깨우는 아침

일찍이 따뜻한 한 잔의 커피로
마른 목 축이며 묵은 찌꺼기 녹이려
가식을 벗어 알몸 맞이하는 탈의(脫依)

어머님 품속처럼 따스한 속살을 향해
숨어든 잠적으로 즐기는 시간
창밖 풍경을 향해 모락모락 피어나는
해수의 수증기를 말리는 나른한 행복

오랜 사진첩 추억 속에 깔깔거리다
이내 아니 멀리에서 날개 달린 몸짓으로
마법처럼 춤을 추는 가을 하늘
솜털 구름의 발레단을 만나
우리는 눈요기를 마신다

가고 없는 허망함이 부르는 현실 앞에
치렁치렁한 세월을 벗어 던지고
흙과 불의 사이처럼
손길과 불길로 빚어진 질그릇처럼

얼굴 가까이 눈 맞추어 주름 위에 미소로
서로를 껴안고 하룻밤 진실 위에
피곤함을 달래며 새근새근 깊은 꿈속 걷는다

허상(虛像)

눈썹이 짙은
까까머리 소년을
가로수길 멀리서 훔쳐보았네요

스무 살이 되고 서른이 되어서도
혼자 혼자 꽃 피우며
향기를 찾아
날아올 줄 기다리며

세월은 흐르고
깔깔거리며 잊고 살다가
풍랑을 만나서
날개도 접고
꿈도 시들어

종착역이 얼마나 남았을까
기차표 챙기며
두리번거릴 때
까까머리 소년이
동행길 되어 나타나고

소녀는 속내를
감성으로 토해 내니
짙은 눈썹 너그럽던
까까머리 소년은
어릴 적 칭찬에 굶주린
삐돌이가 되어서

수학여행 떠나듯
부드럽고 따뜻한
모래 위 침대 밭에 놀다가
뾰족한 꽃게 발에 물리어
소금 눈물 찔끔 찔끔

지친 하루가 아프지 않겠다며
꿈에서 깨어나
대롱대롱 매달려
명주실같이 질긴
조롱박 하나 묻으려
여행을 떠납니다

가버린 사랑

사랑
흘러가는
뜬구름이구나

가고 없는 추억 속의 임
그리우면 끄집어내어 펴 볼 수 있도록
가슴에 묻고 간직한 채
그대로 둘걸

위선과 가식 속에
마음을 속이고 가슴을 거부한들
색깔이 달라도 너무 달라
응어리 커져만 가고

또다시
아픔 되어 번뇌 속 속앓이
너무 아파 소리쳐도
사랑은 가고 없는걸

인연

어슴푸레 맴도는 흔적
무슨 인연이련가

이제는 식어버린
선연하게 스쳐간 자국들
지울 수 없어 거기에
귀히 여기며 차곡차곡
가슴 안에 담는다

걸어온 푸른 숲길 서서히 기울고
붉게 물들어 묻혀갈
하얀 초야를 기다리며
넌 어제 난 오늘
세상에 태어나 반짝이니
너가 있어 다행이다

유리알같이 투명한
유년에 색칠한 그리움
여유 한잔 마시며
아삭거리는 이야기를 나누자
이 세상 여행이 끝나는 날까지

가시밭길

하루 일과 갈무리하고
지친 몸과 마음 쉼 하는 밤
하룻밤 꿈자리 언제나 쓸쓸한
아낙네의 넋두리 어둠 속에 모인다

지난날 홀로 걷던 산책길
서걱거리는 들녘 사이 반짝이는 조약돌
패이고 깎이는 속삭임에 귀 열어보니
내 발등 내가 찍었네

실핏줄 엮은 그물에 엉긴 만선 잡느라
거칠어진 새벽바람에 돌무덤 앞에
성긴 마음 한 자락 내려놓고

곱디고운 새색시 연분홍 가슴
무슨 사연 묻어 있었길래

선 이마 위에 주름살이 늘고
지문마저 사위어버린 설운 인생아
고해와 인내의 바다

겁 없이 달려드는 가시눈을 뜬 채
그리도 꿈틀거리는가

제2부

그리움의 뜰

기다리는 마음

한 점 흔적으로
당신을 향한 마음이 길이 되었습니다
오늘도 허전함에 그 길 위에 서성이다
펜을 놓았습니다

당신의 그림자 발자취를 더듬어
한 가닥 희망을 찾아서
다시 걸었습니다

당신과 함께한 추억이 그 길 위에 서성이고
잊지 못할 순간들이
여기 저기 삐죽삐죽

대답 없는 메아리 한순간 허물어진 성
조각조각 흩어져
조용히 부는 바람에 빈들 같은 골짜기

무거운 손을 흔들어 비어있는 여백에
당신을 다시 그리며
걸어가겠습니다

4월의 소리

선잠 깨고 일어나
퉁퉁 부은 눈알 굴리며 심통 부리는
머릿속 검은 생각들을 커피 한잔으로 달래본다

깡마른 텃밭에 죽은 잎처럼 바삭거리는
상추 잎과 쑥갓 하늘 단비 까치발하고 기다리네

창문 너머 개천가 사철나무
새순들이 쏘옥 돋아나고
시린 가지 물관 타고 오르며
연초록 가득 사월 속살 어루만진다

엄마는 애원한다 "내 딸 이름은 비라
2019년 10월 11일" 비운의 전화번호
아이 등에 적어놓고 죽음을 각오한
우크라이나 전쟁 속
눈물의 전투 속 잔인한 달 사월이여

불청객 탈탈 털어 버리고
오늘 밤에는 그렝이질* 잘된 곳

그토록 사랑받던 며느리 자리에서
정성스레 잔 올리고 그리운 얼굴 그려보며
사월 만남 꿈꾸어 보련다

* 그렝이질 : 주춧돌의 표면과 나무기둥의 표면이 딱 맞도록 기둥의 단면을 깎아내는 기법.

그리움의 뜰

여기
가시에 찔린 아픈 상처
덧없는 세월을 찾는다

마음 흔들어
설레이게 하고선
돛단배에 올라앉아
노를 저어 보려하니

상처를 헤집는 시간
반딧불처럼 스쳐가고
짧은 인연 가슴 한켠에
고개 돌린 채

거기
잃어버린 약속
소슬바람 타고
홀연히 멀어져간 추억
기억 속에 오늘도 웃는다

기척 없는 바람에
꽃잎 흩날려 떨어지고
내 생에 불꽃도
그렇게 사라지고
이별은 소리 없이
옆에 앉아 속삭이니

추억은 비가 되어
내 마음 적시고
버거운 세상살이
하루해가 더디 가도
임을 위한 기도
세월 따라 가련다

하얀 여행

조용한 밤
설움에 몸 부리는 것은
내가 바라는 게 있기 때문이다

사무치게 그리운 사람
넋이
바람과 추위 몰고 온들
하룻날 여행

바라보며
체온 느껴보려
제발
그 미소 조금만 더
어두운 마음 하얘지고
시리도록 뼛속 아픔도
사라지는
일 년 통틀어 하룻날

숨죽여
앙탈 부리며 푸념하는
님 보내고 연례행사

영원히 늙지 않는 미소 붙잡고
오늘 밤
하얀 여행 떠나련다

이런 날이면

가을비 쏟아질 듯 흐린 날
앙상한 나뭇가지 위에 걸려 있는
우울한 빈 가슴
이런 날이면

바다가 보이는 한적한 곳
향이 좋은 커피집
사치스럽게 여유를 부려보고 싶은
이런 날이면

맑은 날에 가려서
잊고 살았던
되돌릴 수 없는 지난 추억들
사진첩의 젊은 날
꺼내 보고 싶은
이런 날이면

바쁜 일 접어두고
포근하고 넉넉한 마음
모든 걸 품을 수 있을 것 같은

충만함이 솟는
이런 날이면

채울 수 없는 공허함
우주의 공간 속을 홀로 걸으며
추억에 젖어
옛 그림자를 붙잡고 싶도록
허전함이 일렁이는
이런 날이면

빙그레 웃고 있는
젊은 날의 당신 아닌
빈 둥지 같은 모습으로
불혹에 흰 머리카락
날릴지라도
오늘의 당신 모습
보고 싶네요
너무도 보고 싶네요

창문엔 낯선 사람

어디선가 본 듯한
낯선 사람 거기 있었다

화사한 봄날도
푸르던 여름날도
어느덧 시들어 가는데
어디선가 본 듯한 낯선 사람

창문 넘어 바람이 일고
마른 잎 떨어지는
앙상한 가지 사이로
뉘엿뉘엿 저무는 하루를
시리도록 바라보는 낯선 사람

새끼줄로 엮은 울타리
겹겹으로 두른 날들
울다 웃다 잊고 살아온 시간
어느새 육십 하고도 여섯

잃어버린 날들 찾아
일생에 단 한 번 격식 차려 입고

"연애편지" 연극 보던 날 서울 나들이
가을비 되어 흠뻑 내리는데

그해 가을은 따뜻했소
라는 추억 한 보따리 안고
기념사진 남긴 시골 무지랭이
낯선 사람 거기 있었다

연정

만날 순 없어도
지척에 보이는 듯
어루만질 수 없어도 잡힐 듯
구름 위 둥둥 떠다니는
그리운 얼굴
내 곁에 살포시 날아와
바람결에 스치네

마른 가슴 깊숙이
젖어드는 사모의 정
좁은 농로길 한켠에 세워둔
차창에 붉게 물들어가는
곱고 수줍은 소녀의
천년미소 배시시

울다
웃다
하얗게 잊고 살아온
치열했던 푸른 날들
기가 막혀 허공에 소리쳐 봐도

쓸쓸한 메아리만 아득히
울려 퍼지고

꽃 같은 추억들
점점 자취를 감추고
휑하니 비어버린 들녘처럼
너도 나도 젖어드는 시간 따라
깊어가는 가을밤

그림자처럼 따르던
목숨 같은 귀한 사랑
선물 보따리는
덧없는 꿈이었던가
깊은 밤 별빛에 속삭이며
시리고 아픈 가슴 먹먹히
채우고 있구나

길

내가
당신 위해 허우적거릴 때
당신은
외면한 채
홀로 걷게 두었고

고작
십 년하고 삼 년 더한 세월
그 겨울날
당신은
불질러놓고 사라질
목소리만 던져주고
잊혀질 만 가물거리는
상처만 남긴 채

내가
찢기는 아픔 견디지 못해
병원 귀퉁이 걸터앉아
먼산 등허리 그네줄 매어달고
영혼을 흔들거릴 때도

당신은
가던 길 걸었습니다

시간은 멈추지 않고
분침과 초침으로 달리고
내 나이 어느 듯 초로인생
육십하고도 몇 년이 지났구랴

떠나버린 당신
바라보며 지켜온 자리
거친 파도 잠들고
달도 기울어
이내 가슴 녹아내리고

당신 먼저 간 자리 그곳을 향해
오늘도 한 걸음 한 걸음
세월 따라 그 길
걸어갑니다

가을이 오는 길목

3층 창문 넘어
남계천 따라
세월을 품고 있는 고목나무엔
매미 울음소리
요란스럽더니

창틀 밑 늘어선
화분 정원에선
귀뚜라미 울음소리
계절을 알려준다

촘촘히 고운 햇살
싱숭생숭 바람 불어
슬슬 찾아 나선
고흥만 너른 들녘
황금빛 감돌아
새떼들 찾아들고

습작의 손길 따라
한 편의 시
걸음마를 재촉한다

신흥 바다 은빛 물결 아래
하늘 먼길 가신님 살포시 내려와
낚싯배 타고 손 흔드니
석양에 흐르는 눈물
미소를 띤 채

살살이 꽃들
줄지어 하늘거리고
곱게 물들어가는
나뭇잎 소리
옛사랑 주인공 되고
다시 이별하는 날

가을이 오는 길목에서
추억은
재잘거린다

나의 반쪽

저기
저기 앞산에
참나무 숲을 지나
집 떠나 집을 짓고
되돌아올 수 없는 강 건너
바람처럼 가버린
나의 반쪽

초록이 펼쳐진 지평선에
노란 꽃 수를 놓고
청푸른 바다 위에
낚싯대 드리우고선
뭉게구름 사이 길에
담배 연기 날리네

그리운 사람 찾아와
밤을 지새우고
놀란 가슴 눈을 뜨니
어둠 걷히지 않은
선 새벽
가눌 길 없는 헛헛한 마음

밤새도록
뒤척인 어둠은
여물다 못해 터지고
달님 따라 떠나는
어젯밤에 다녀간
나의 반쪽

긴 이별의 그날
어김없이
그날이 가까워지고
또다시
한 해가 뉘엿뉘엿 지려하네

너를 위한 시

멀리
너무 멀리 있는 너
귀 기울여봐
애태우며 부르는
널 위한 시

크고 작은 상처 자국
아직도 남아 있는
너의 흔적들

알고 있지
오래전
이별이란 걸

너와 함께 한 봄날
추억하며
믿을 수 없어
먼 훗날 기다림으로

태풍 몰아치고
소낙비 퍼붓는 회오리바람
홀로 맞으며

인생이란 무대에서 피에로처럼
울다가
웃다가
정신없이 잊고 살다가

고개 숙인 가을 여자
한 걸음 두 걸음
널 위한 시 쓰며
그곳으로 가고 있지

일 년 두고 하룻날

당신 그리울 땐
숨조차 쉬지 못하고
나는
울었습니다

세상이 잠든 밤
홀로
잠들지 못한 채
고여 있는 눈물 꾹꾹
누른 가슴을 내려놓아도

잠든 아이들 모습 너무나 기가 막혀
꺼억 꺽 붉어지는 눈물방울 삼키며
나는 울었습니다

불쑥불쑥 다가왔다 향기만 뿌려놓고
흔적 없이 사라지는 그대 그림자

야위어진 가을 온몸으로 품으며

일으켜 세우는 질곡 같은 눈먼 사랑

한 해가 저무는 길목 당신 보내고 21번째
향 꽃 피우며 촛농 뚝뚝 하얗게 지새우는 밤
벌 나비 날아가고 내려놓은 빈 지게
쉼표가 되는 시간

바람길 소리 마시며 또다시
나는 울었습니다

계절(겨울 소곡)

거친 눈발 휘날리고 가슴 치며 통곡하던
그 차디찬 겨울

영원히 돌아오지 못할 멀고도 먼 길
그대 떠나보내던 날
영혼 없는 짚신 신고 허공을 걸었네

폭설이 내리치며
바람풍 목젖 타고
흘러가는 인생사

어느새
주름진 모습 텅 빈 마음
속절없는 담금질로 젖어보니
인생무상이로다

사금파리처럼
부서진 조약돌마저
허기를 채우지 못한 채
그리워 너무 그리워
당신을 부르고

늘 그 자리에
찾아오는 겨울
앞산 언덕에 오르면

옻나무 숲 사이로
쏟아지는 눈물 바람
사무친 끝자리마다
저리도록 시리고
흐느끼는 이내 마음 사위며

꿈에도 못 잊을
당신 위하여
눈물의 설움 잔 가득 채워
소야곡으로 전하리

대들보

세상 등지며 살 수 있도록
보이지 않는 그대
거기 있기에
살 수가 있었네

치열하게 살아온
지독한 삶
모든 게 부족했던
결핍은
삶의 원동력이 되어
쉼 없이 재촉하고

눈물 뿌리며 먼저 간
통한의 울부짖음 사르고
침묵하는 그대
거기 있기에

태풍 휘몰아
성난 파도 물결치니
삭히며 살아온 숱한 나날들

싸늘한 얼음꽃
사리가 되어도

사랑의 흔적
별꽃들의 따스한 온기
추억의 자리에서
피어오르니

바람에 날리는 억새
울어
목 놓아 울어
바람 되고 흙이 되어
만나는 그날까지
임의 대들보로 살겠네

빈 그릇

지울 수 없는 흔적
추억을 향한 마음 길 되었습니다

오늘도
허전함 마음 한 움큼 찾아와서
그 길 위에 서성인다

잠시 내 안의 나를 위한
펜을 놓았습니다

많은 시간의 굴레 미련이 남아
그대를 위한 수많은 추억의
발자취 더듬어보며 다시 걸었습니다

당신과 함께한 시간이 그 길 위에 서성이고
잊혀지지 않은 순간들이 여기저기 돋아나는
대답 없는 메아리 이제는 더 이상 들을 수 없네요

허물어진 성 조각조각 흩어져 사라지고
조용히 불어오는 바람과 빈들 같은 골짜기
무거운 손을 흔들며 추억은 떠나가고

또다시 비어있는 영혼의 그릇
오늘을 조심조심 담아 보겠습니다

빈자리

먼 길 걸어 내게로 온 당신
얻으려 했던 게 무엇이길래
걸어온 길 뒤집고
다시 돌아서 갑니까

뜨겁던 가슴 식을 줄 몰라
흐르던 땀줄기 몰래 몰래 감추던
재회의 그날을
기억합니까

전생에 무슨 인연으로
수없이 되뇌이던 마음자리
봄 여름 보내고
가을 겨울도 보내고
함께한 그 많은 날
어찌합니까

파란 꿈 푸른 날개 펼치며
석양의 노을 바라보자던
그렇게 늙어 가자던
약속 어찌합니까

떠나보내려니
채워지지 않은 빈자리
당신의 자리
또다시 북극은 흘러내리고
떠도는 빙하 어찌합니까

뼈 가시

애잔한 목소리
소곤소곤 유혹하던 비수의 칼날

골 깊은 산골짜기
엇갈린 아귀다툼
싸늘한 바람 타고
무엇을 알고 찌르는가?

가뭄에 날이 선 논바닥
거북이 등짝처럼 쩍쩍
신음처럼 쓰리다

가시 돋친 바람
패이고 깎이는 조약돌 울부짖음
빗방울 수만큼 아로새긴 그 추억

이제 저만치 떠나보낸 사랑
뼈 가시 되어 후벼 파는 날카로운
야수의 슬픈 혼령인가?

장작 타는 비명소리에
내리치는 소낙비 맞으며 얼룩진 가슴
돌무덤 사이 젖어드는 미명의 아픔

마지막 남아있는 지문마저 사라진
이름표 없는 흔적 동백꽃보다 짙은
상처로 꿈틀거린다

그림을 그립니다

하얀 백지 위에
내 마음 가득 담아
그대 가슴에 닿으라고
그림을 그립니다

날아가다 바람에
사라지면 어쩌나 싶어
꾹꾹 눌러
피고 지는 낮과 밤
온도차를 느끼며
그림을 그립니다

모두 잠들어 조용한 시간
창밖엔 가을을 재촉하는
밤비가 내려 울고
돋보기를 낀 채
빗물 같은 땀방울
세상과 싸우며 울어대는
미간의 주름살 속에서도

세월 뛰어넘고 찾아와

가끔 안부를 묻고 일상을 살찌우던
도반이 되어준 한결같은 사람들
바람 타고 떠난 자리 그 추억 찾아
오늘도 그림을 그립니다

추억 하나

남도의 끝자락
고향 귀퉁이를 부여잡고
세상 밖 접은 채 살아온 곳
귀인들 찾아든다

반가운 마음 붕붕 짧은 시간 이리저리
보여주고 싶어서 사방에서 삐죽삐죽
따뜻한 가슴 피어날 때

기다리던 단물 같은 가을비 내리고
밤새 내리다 아침 되면 밝은 햇살 비춰주길
기도하며 지새운 밤

먼 거리 초행길 실망하면 어쩌나?
지치면 어찌할까 걱정 달고 종종걸음
날아다녔지

수박 겉핥기 여행 이름조차
선택받지 못한 명소들 아우성
다음을 기약하면서

흐르는 구름 따라 아쉬움 쌓여가는
이별의 시간 앞에서 찰칵찰칵
철새들 울음까지 담아 추억 하나 남기며

서로의 눈빛 머뭇거림 억새 바람 되어
안녕이라 말도 못 하고 제자리 찾아 떠나간다

내 곁에 그대는

작은 불씨 하나 잔잔한 파도 일으키며
회한의 세월 강 넘고 넘어
백년언약
청실홍실 맺어진 부부의 연

고집과 아집 모두 깨어놓고
숨은 귀재
돌방석마저도 훔치더니

초록 숲 산내음 뼈마디마다
삼라만상 산천초목
켜켜이 시려오는 육신
아낌없이 모두 내어주고

눈물 뿌린 빈 가슴
지울 수 없는 흔적 남긴 채
번지 없는 솔바람
끝가지 사이 빗물 되어
홀연히 떠나가네

제3부

봄날의 기도

길동무

한순간 추억 안고
돌고 돌아 굽이굽이
멀리도 왔구나

꺾이고 다치며
상처 입은 영혼들
찢기고 발가벗겨진 모습
칼바람 불어 닥치고
세상 고통 내 몫이 되어 심판하던 날

잃어버린 초심
영원할거란 생각
들끓는 하늘 번갯불 스치듯

온통 허망함 남긴 채
고운 단풍 물들어
총알 쏟아지는 전쟁터
낙엽 되어 꽃으로 피어나니

찬바람 불어와 서릿발 내려도
너와 함께라면 행복하겠다

신분 세탁

어젯밤 뉴스에선
야는 걸어오고
갸는 걸어가고
온탕에 뽀글이는
쉴 새 없이 몸부림쳐도
돌담 넘는 이명소리
담쟁이와 속삭인다

겉옷 벗어던진 땡감은
곶감 되기 위해 처마 밑에 줄줄이
어젯밤 간식 되어
사라진 형제들의 종식을 슬퍼할 여백도 없이
살갗 에이는 바람을 맞고
살얼음 녹기를 인내로
부끄러운 모습을 감추며
흑갈색 옷으로
속살을 덮는다

오합지졸의 무질서 속에 세상은 끝없이 변해도
파도는
바다물 위에서 놀듯이

숲길에 낙엽들
이 땅 위해 밑거름 되도록
두고 보면 좋으리

날마다 물들어가는
가을 색
달빛에 숨어
흑갈색 옷을 입고
허연 분칠을 하여도
곶감은 본심이 땡감인 걸…

연금 타는 꽃

어쩌지도 못하고
의미 없이 맺어진
우리 둘 인연

득이 없다 생각하며
대수롭지 않던 널
푸대접 한쪽 귀퉁이에
잊고 살았지

가랑비 젖듯 스며들어
슬그머니 곁으로
추억이 대롱대롱
턱 밑 가까이

구슬픈 음절 밤늦도록
귀뚜라미 울음소리
내게는 오지 않겠지
착각 속에 살았구나

어떤 꽃은 피고
어떤 꽃은 지고

어쩌다 난
연금 타는 꽃

창문 열어 어둠 보면
옛날 생각날까
눈을 감고 내 안에 행복
그래도 섧구나

봄날의 기도

소박한 인생의 뒤안길
걸어온 길 뒤돌아본다

마디마다 험준한 골짜기
아픔을 삭이던 외로운 고행길
온통 빨강 불빛의 신호등 길
허둥지둥 떠돌며 방황하였다

끈끈한 동아줄 그리워하며
생의 발자취 따라 하얀 벽지 위에
당신과 나 사랑의 풀뿌리 그리듯
아직도 꿈꾸며 기도한다

푸른 청춘 가고 없는 날들
창가에 맺히는 젊은 날의 연가

이른 봄날에 피어버린
지고 없는 꽃잎처럼 오늘도
쓸어 담은 낙엽을 태우며
못 잊을 추억 위로 한편의 시
읊조리던 날들이 그립다

촉촉이 내리는 봄비 잠자던
감성 온도를 자극하고
이 밤도 푸른 날 못내 그리워
잠들지 못한 채 뒤척이며 기도한다

밀알

하루해 저물고
짙은 어둠 내리니
한 주 동안 결실
영혼 우려내는
따슨 시 한 편
축 처진 육신 간신히 끌어올려
마른 가슴 적시는 언어의 속삭임
단비 속 빛나네

켜켜이 늘어나는 주름살 바라보며
삶의 아름다운 흔적들
초연히 침묵 지키며
비상의 날갯짓 펼치던
청춘의 덫을 찾아
고향 땅 후미진 귀퉁이
오감을 열어 보았네

조각조각 흩어져 맞추어지지 않은 퍼즐처럼
빛바랜 앨범 속 흑백 사진첩처럼
그리운 풋사랑 못다 이룬 꿈
해오름 사이 살포시 떠올라

뼈마디 마디
굳게 닫힌 빗장
숨 가쁜 속살
한 편의 시가 되어 탄생하였네
시여!
밀알의 내 사랑이여

벚꽃

낮과 밤 찬서리
내리는 듯 하얀
면사포 쓰고

반갑지 않는
미세먼지 불청객
흙비 내릴 때
아픈 곳마다
치유하는 손길
그럴 줄 알면서 다시 꽃봉우리 터트리는
거룩한 너의 혼령

서러운 울음
응어리진 가슴 삭히며
우주 안에 창문 열어 천진난만
해맑은 얼굴 방긋방긋
찬란한 봄날 꽃불 밝힌다

짧은 봄날
길고도 먼

핑크빛 향기 솔솔
황금빛 휴일마저 유혹하는 사월

폼 잡고 사진 찍어
추억 한 장 남기고 싶지만
싱그러운 젊은이들
다정한 모습에 어쩐지 망설여지는 나이

별빛 흐려 하얀 구름
사공 되던 쓸쓸한 밤
아득히 깊은 바다
못 다한 사랑
짙은 그림자 그리움만
피어오른다

살면서 만난 세월

흔들거리는 의자 벗 삼아 지난날 유추해보니
한 조각 흔적을 지우지 못하고 못내
잊혀지지 않는 숱한 그리움
소리 없는 옛 그림자 가슴에 둥지 틀어
뭉게구름 타고 날아든다

하얀 칼라 빛나던 교복의 아련한 추억
불그스레 물든 가슴 숨죽여 거닐던 등하굣길
갈증에 목말라 배배 꼬인 작물의 아픈 모습처럼
지난날 가슴 먹먹하게 꿈틀거려도

푸른 꿈 승차는 달리다 멈추고
반복되는 일상의 크고 작은 사연들
비틀비틀 미련 한 가닥 허깨비춤 춘다

석양의 노을 되어 저물어가는 눈동자
잔을 들어 마시니 이젠 찬바람 불어
온몸 움츠러드는 날에도 아프지 않기를

오늘같이 단비 내리는 날이면 한 조각 흔적
잊혀지지 않은 그리움 들추어주길
조용히 기도하며 유월 하늘 끝에
따뜻한 너의 미소 보낸다

소풍 가는 날

교복은 입지 않았다

널뛰기 총총걸음
반열 위에 올려놓고
한줄 시심 찾아
지친 하루 달래며
육십하고도 늦깎이
허물 벗어 동심으로 가는 날

딸랑이던 글귀에 한숨만 묻어나고
재색빛 흐리던 어두운 밤
눈꺼풀 시들 때면
졸기도 하지

심장을 뛰게 하는
힘찬 하루의 바퀴는
땅을 치고 달리며 언어의 샘물 찾아
굶주림을 채워 날고
한 소절 칭찬에 어깨춤도 훨훨

처음 가는 낯선 땅
발자국 명함 주고받으며
어두운 밤길 별빛 필 때면
뺨 타고 흐르는 눈물도 만났다

지는 해 심장 쉴 곳을 찾아도
달빛 내공은 세상에 하나 둘 말문을 열고파
출구 없는 울타리 글밭 찾아
소풍을 간다

신세타령

오랜만에
정말 오랜만에
눈발 날리는 창밖을
보고 있으려니

계단을 터벅터벅 오르던
임의 발자국과
분 냄새 풍기며
아장아장 걷던
딸아이가 탄생시킨
하얀 눈사람이 생각난다

사랑 가득 채워가던 날들
남도의 끝머리 고향땅
임의 따슨 미소에
알콩달콩 살았는데

어쩌다
임 떠나고
시간은 가 버리고

빈껍데기 육신만 홀로 남아
오돌오돌 떠는가

시간 타고 흘러버린
세월을 붙잡고
어머님 품속 같은 흔적을 더듬어
그렁그렁 외로운 밤

추억으로 아픈 가슴
청승떨며 신세타령이니
울어라
그래 울어라
봄소식 날아와
바람난 꽃향기처럼
훨훨
날아갈 그날까지

습작

해질녘 남계천 타고
가로등 하나 둘
불꽃으로 피어날 때

봉황산 줄기 타고
어둠속 추억 별들
반짝반짝
하늘 끝에 태어난다

애간장 녹이며
돋아나는 마른 감정으로
밤을 안고 헤매었던
지난 시간들

깊어지는 생각 끝에
목마른 영혼을 달래주는
조화로운 한 줄의 시상
춤을 추며
생에 꽃으로 피어나니

남은 세월 여백에
하얀 머리 풀어 날리는
꽃편지 쓰면서

아픈 가슴 훌훌 털어
붉은 상처 치유하며
아름다운 글밭에
따스한 봄날
향기 가득한
집을 지어 보련다

이제야 시 한 편

느지막에 시작한 그 봄날의 꿈
더디게 걸어온 인생길
어느 날 벌 나비 허공을 날아들고
외로운 꽃송이 흥겨워 춤추었네

길고 길었던 추억 흩어진 언어들 모아
서랍장 깊숙이 감춰두었던 빛바랜 그리움
바삭거리는 무명지 보따리
풀어 헤쳐보니 파르르 떨리는
발자국마다 꿈틀거리며 살아 숨 쉬고

희미하게 들려오는 정각사 종소리
섬광의 빛 뿌리는 내 님 보았네
시리고 쓸쓸한 낙엽의 노래
초연히 떠오르는 시의 군상이여

잊힐까 두려워 다시 꺼내 보아도
책갈피 속 언어들 희미한 옛 그림자
쓸쓸히 밀려온다

유리알처럼 투명한 소녀의 순정처럼
흐르고 흘러가 버린 시간의 수레바퀴
차 한 잔 마시며 먼 하늘 바라보니
이제야 반겨주는 한 줄 시
바로 너 너였구나

지난밤 이야기

앙상한 가지에 봄날이 고개 내밀어
철없는 꽃들이 밀고나와
벌써 피어난 줄 알았다

영하의 날씨 묵은 정 떼지 못하고
파수꾼처럼 남아 있는 마른 잎 위로
하얗게 피어난 눈꽃

이리저리 뒤척이다
가을 은행잎 떨어지던 노란 길 따라갈 듯
파르르 떨고 있는 꽃봉우리

바람이 가지 하나만 흔들지 않는가 보다
지난밤 겨울 찬바람에
후루루 눈꽃이 떨어져 사라지고

어느 샌가 꿈꾸던 새해가
스르륵 열리더니 이른 새벽 이월이
눈 비비며 찾아든다

묵상

모든 것은 때가 있단다

숨차게 뛰었으니 쉬엄쉬엄
할퀸 상처 감싸며
뒤돌아보며 살길 바란다

허기진 자리 나누는 행복으로
차곡차곡 채워가며

두 손 가득 쥐고서도 곳간이 넘쳐나도
부족한 게 탐욕이란다

혹여
수렁에서 허우적거릴라

알면서도 지은 죄 모르기에 지은 죄
천 가지 만 가지
더 늦기 전에
참회의 눈물 아끼지 말거라

모든 것은 때가 있단다

봄
— 바램

허공에 떠도는
쓸쓸함 뒤로
가물거리는 생각

드높은 하늘 위
빙빙 돌며 순회하는
회색빛 영혼이여

공연히
뇌리 때리는 기억들

그대로의 옛 모습
그 흔적 간곳없고
멈칫 놀란 생소한 모습 덩그러니

웅골찬 목소리
더 이상 들을 수 없음에
목 메일 수밖에

앙상한 설가지
잡초만 무성하여

스산한 바람 불고
아직도 미련 남아있는
겨울 삭풍에 가슴 시려오니

올 듯 말 듯
애태우는 봄의 문턱에서
생전에 뵙지 못한
스승의 스승을 만나
몇 년째 고귀한 흔적
얄팍하게 알아가는 날

언제쯤에야
새벽 창 타고 붉은 태양 떠올라
새 생명 움트는
봄 향기 한짐 뿌려놓을까

벌 나비 날아들고
정겨운 발자국 소리
듣고 싶어라

불면의 밤

시간 흐르고
계절은 바뀌며
가을은
색을 잃어가지만
조용한 공간 속에서
꽃을 피워 보는 중입니다

띄워 보내지도 못할
너와 나 이야기

흔들리지 않은 여여한 가슴
별꽃들과 추름하면서 글 쓰는
이 밤도
외로움이 아닌
고독을 즐길 줄 아는
여인네가 되었으니
참으로 감사한 마음으로

울타리 없는 세상에서
마음껏 날개를 펼쳐
어둠을 밝히고자

허연 머리카락 날리는
소녀가 되어
훨훨

홀로 꽃을 피워보려
빠근한 피곤을
내려놓지도 못하고
꼴딱 지샌 밤

붉게 타오르는 기적의 시간
하루를 조각하려
기지개 켜며
피어오릅니다

뱀사골 폭우

악몽 같았던 기억의 창

청춘은 날개처럼 뛰어 날고
저마다 한아름 꿈꾼다

흙길 달려가 보니 북풍의 자연 바람
지리산 뱀사골 골짜기 21명 군*들의 밤은
열띤 학술 집회로 무르익었다

세상은 깊이 잠들고 시퍼런 계곡 따라 등줄기
감아 도는 검은 그림자 순간 쏟아 부은 폭우는
산등선까지 덮쳐 버리고

계곡마다 붉은 물줄기 폭포수처럼 솟아오르니
전쟁 같은 아우성 쓰나미처럼 쓸고 간 자리
새벽이 부엉이 같은 눈 떴다

생사의 갈림길 너덜너덜 울음바다
등허리에 매달려 생명줄 같은 서로를 붙들고
목까지 차오르는 물속 곡예를 탔었지

뜨겁게 불타오르던 학창시절 수련회는
주마등처럼 떠오르고 이젠 아스라이
잊혀져가는 군들의 얼굴 가을감처럼 익어간다

* 군 : 흥사단 단체에서 남녀노소 불문하고 부르는 호칭.

비움

가시나무 새처럼 홀연히
조용한 가슴에 날아와

달콤한 유혹의 입맞춤
실눈 뜨는 꽃잎들
영혼을 툭툭 깨우는
비움의 시간이다

오도 가도 못하는 징검다리
긴 터널 속에 집을 짓게 만들고
헤어짐을 아쉬워하는 어둠 속
흔들거리는 바람 소리
인생 그네 빙글빙글 타고 있다

먼 옛날 가슴에 묻어둔
전설 같은 흔적 심장을 스치는 인연
카멜레온 화려함에 마음을 다 주고
허무함에 지쳐버린 가슴이 무너진다

저무는 노을길에 잠깐 쉬어가는 귀퉁이
방울방울 춤을 추는 기억의 저편
빈껍데기 한 움큼 쓸어 담는
옷자락 사이 젖어드는 무거운 눈물

돌아보는 시간

욕심은 불만을 낳고
누군가 부러울 땐
자신이 초라해지니
지금처럼만 살아가자

청춘은 가슴이 뛰며
인생은 두발로 걸을 때까지 라고
말들 하지만
언제까지나
마음이 설레는 삶 포기하지 말자

남계천 사철나무 매미 소리에
한여름 밤 시름과 더위 달랬던
때가 지나니
귀뚜라미 소리 따라
가을이 걸어오고

치열하게 살아온 삶
고생 많았으니
조금의 여유

스스로 부려보자

걷지 못하는 어느 날
몸뚱아리 창문 틈에 기대어
어디론가 떠나고 싶을 때
누군가 미치도록 보고 싶을 때
그때를 생각해 보자

한 자락 깔고 나면
별것 아닌 인생살이
설렘 남아 있을 때
걸을 수 있을 때
주름진 얼굴에도
웃음꽃 피울 수 있을 때
훌쩍
어디론가 떠나보자

나를 찾아
돌아보는 시간 속으로

고향 이야기

밀창문 두드리며
4월의 새벽이
꿈벅꿈벅 눈을 떴습니다

울타리 없는 숲속
뿌리칠 수 없는 유혹의 은은한 편백향
지붕 없는 미술관
고향 산천에는
지천에 목련꽃 벚꽃 개나리꽃 진달래꽃 유채꽃 수놓고
벌 나비 별별 소리로
소근소근 봄 향기 가득
풍기는 호사스런 계절

발자국마다 서연하게
뇌리를 에워싸는 빈자리
말똥말똥 벗님들 얼굴 일어나
걷고 있는 등 뒤로 지나간 추억들이 출렁거릴 때
그리움 한아름
채워주는 고향땅

밤새
흘러내린 빗물이
구석구석 액운을
씻어 내린 듯
웃음띠 가득 두른 채
코로나를 벗기고
고요한 초록 숨소리로
생명을 잉태하니
초연히
시간을 걸으며 만남을 기다립니다

소통

하루를 채워가는 길에 내 마음
꼭 맞는 사람 어디 있으랴
난들 누구 마음에 꼭 맞으랴

그러하기에 너를 옆에 두고
보고 듣고 눈길 주며 사랑해야 했었다

내 귀에 들리는 말 어찌 좋게만 들리랴
내 말도 남의 귀에 거슬리려니

그런데도 너를 사랑했더라면
풀리지 않을 매듭 없을 것이며
실타래는 꼬이지 않았을걸

어둠으로 장막을 두른 시간
쓴소리에 귀를 막고 그 몸부림 외면한 채
어느 한쪽 편승을 선택한 오래가지 못할 아쉬움

이제부터라도 수면으로 떠오르지 않은
움직임 없는 몸짓들 돌아보면서
작은 목소리에 간절히 부탁하거늘

보고 싶은 것만 보지 말고
듣고 싶은 소리만 듣지 않길
큰 나무 그늘에 새들이 모여들듯
가슴이 넓고 따뜻한 거기 누구 없는가?

이길 수 없는 세월 너를 가까이 둔다면
서로를 할퀴는 구업으로 아프지 않아도 되는걸
끝없이 이어질 여정 소통만이 그 길 지켜가리라

터줏대감

온 세상 불빛 꺼지고 어둠 소소히 내릴 때
태어나고 자란 곳 떠나지 못해 밤 세워 한 자락 깔고
계절 없이 오가는 타향생활 그리며 시골 무지랭이로
푹 젖어 버렸지

인생 여정 운명이 정해진 건가
할매 가는 길 어매도 가고
세월도 무심하여 백년해로 언약했던
그 임마저 떠나가고 풀뿌리 같은 질긴 인연 끊어내지
못한 채 젊음도 꿈도 모두 기울어 서대 무침
열무김치 소복소복 추억을 담고 담는다

자신마저 흔적 없이 사라져버린 그날엔
서연한 조상의 핏줄 흔적 남기려
매화 꽃망울 마디마디 눈꽃 설경 가슴으로 그리며
차창 밖 산마루턱 봄 햇살 맞으려
헐레벌떡 차오르는 너 이름 없는 바람이여

어머니 품속 같은 남도의 끝자락 고향에서
강철 같은 심장 하루 빗장 풀어 놓고 돌아오는 동무들
생활 터전에 고참 붉은 완장 차고
쉰 목소리 저 멀리 골목 누빈다

제4부

가족사진

일탈

바위처럼 무거운 무겁다고 한들
내려놓을 수 없는 짐 자식들 전화벨 소리
가만가만 그래 그러자 그래 보자꾸나
영끝까지 흔들고

세상은 톱니바퀴처럼 맞물려 돌아가는데
섞이지 못한 팍팍한 살이가 빼꼼히 얼굴
내밀어 영원히 이별하지 못한 고독 가슴에
안은 채 침묵으로 마음의 문 닫는다

노동의 일상으로
구부정한 어깨 목에 실눈 뜨는 흐려진 눈동자
삐거덕거리는 뼈마디 소리
늘어진 머리카락 허연 사이길로 바람이 일고
미간에 깊은 주름이 던지는 질문과 질문 사이

젖동냥하듯 통장 잔고 탈탈 털어
카드 한 장 손에 쥐고 일상을 벗어나
끝없는 푸른 터널 여기저기 기웃기웃
일탈을 꿈꾼다 이 나이 한 번쯤

노모 연가

연가시 삼팔선 팔부 능선 타고
피난길 행렬 줄섰을 울 엄마
무명지 같은 어깨 죽지 매달린 눈물의 주먹밥
괴나리봇짐 동여매고 남쪽길 하염없이 걷고 있었다

철선 갑판 어귀에 대롱대롱 매달려
쓴물 찌꺼기 토할 때쯤 피멍드는 목젖 간데없고

벼락 치는 파도 소리에 산천초목 산산이
흩어지고 고향집마저 검은 입속 삼켜 버렸다

노모 연가 뒤에
품어주던 모지
따슨 사랑에
시린 육신 녹이며
깊고 깊은 인연의 뿌리 심고 심었네

고락을 나누었던 동무들은 떠나가고
얼어붙은 창문 넘어 한 줄 햇살
그 빛 마시며

소리 없는 맥박의 울림은
저물어가는 시계추 달고
93 문턱을 넘어
외마디 까치 울음으로
째깍거린다

신이시여
꺼져가는 등불
짙은 어둠 내리기 전에
그리운 고향 땅
한줌 흙
부디
허락해주소서

가족사진

전생의 인연인가
맺어진 부부연
고향 땅에 뿌리내려
삼신할매 사랑 받아
딸 낳고 아들 낳고
13년 아귀다툼
홀연히 떠나갔네

맺은 언약 시간 타고
돌아가는 길 잊어버린 채
22년 세월도 훌쩍
장성한 자식들과
다시 찍은 가족사진
가신임 빈자리
40대 젊은이가 아른거리고

걸어온 가시밭길
주마등처럼 흔들흔들
까맣게 타던 가슴
한 올 한 올
얼굴 위에 주름 되어

허허 웃음
표정 없는 미소가

초승달처럼
잘려나간 손톱처럼
묵은해를 보내며
살아야할 날들을
맞이하는 계묘년
희망을 쓰는 날

창문 틈에 서성이며
흐느끼는 달빛 아래
그리운 임의 모습
그려본들
담아본들
채울 수 없는 빈자리
미완성의 가족사진

5월의 눈물

소꿉친구 아내
저 세상 보내고 깊은 병마와 싸우던 동무
마지막 생명 끈 꼭 부여잡고
고향땅 밟아
어린이날 귀한 아들 혼사 축하하더니

밤새 라일락꽃
홀로 피어나 뽀송뽀송
바람결에 포르르
향기 흩날리는 어버이날
느닷없는 저승길 웬 말인가

먼저 간 엄마 빼닮은 딸래미 부여잡은 채
하염없이 흐르는 눈물 한바가지 쏟고
세상인심 고달파라 가는 길 삭막하니
후들후들 떨리는 가슴 돌아오는 길목
5월이 말하네

바람같이 덧없는 인생
물 흐르듯 살라고
한번 피었다 지면 그만이니

욕심 부리지 말라며
한줌 흙으로 돌아가는 길
슬퍼 말라고

가슴 뛰며 설레던 풋사랑 흔적 아직도 서연한데
무심한 세월 속 목석
되어버린 청산만
산허리에 걸려
덩그러니
뉘엿뉘엿 지는 해
어머니 나이 되어
하나 둘 저승길 향하니 설운 심정 가눌 길 없네

뼈아픈 목소리

동트는 닭 울음소리
새까맣게 타던
굽어진 등허리가
먹어도 먹어도
배고팠던 시절

정한수 떠놓고
새벽바람 맞으시며
자식 위해 빌고 빌던
어머님의 애환

가을비도 서러워 울고 있는 날
허술한 문틈 사이로 바람 타고
흘러나오는 한숨 소리

"시집이나 가라 하지 말고
너 갈 길 가도록 뒷바라지 해줄걸"

홀로 주거니 받거니
기억을 잃어버린
어머님의 중얼거림

"뼈마디가 쑤신다"

좀처럼 잊혀지지 않은
뼈아픈 목소리 귓전을 타고
새삼 울컥거린다

징검다리

때 이른 아침
석류밭 가까이 이른 봄 준비
벌써 시작되나 보다

가지치기 찬바람이 열매 받을 자리 만들고
잘린 가지 푸른 물관 눈물 겨울을 툭 툭 밀어낸다

졸졸졸
갈라 터진 틈 사이 흘러내리는
개울가 물소리는 징검다리 사이
길 따라 주섬주섬 봄날 여정 준비하고

끝날 줄 모르던 한 서린 삶의 흔적
어머니 이야기 세상은 추억 보따리
등에 업고 한순간 첨벙 침몰한다

"뉘시오 어디서 오셨소" 헛기침 소리 같은
엉뚱한 한마디에 하늘 무너지고

마디마디 흩어진 기억을 넘나들며
애끓는 속앓이 울 어머니

터질 것 같은 그리움 파고드는
햇살 한 줌 얻어 타고 고향 산천 논두렁
비탈길에 홀로 서서

먼 길 따라 저무는 산 노을 향해
시간을 넘고 뛰는 어머니 징검다리는
오늘도 해바라기꽃 되어
방긋방긋 하늘 웃음 짓는다

해후(邂逅)

부모님 제2의 고향
피난길 종착지
내가 나고 자란 곳

생생히 기억하는 마을의
어르신을 두 명이나 만나게 되는
행운이 펼쳐지고

고작 가져간 간식
과일 몇 쪽, 송편 몇 개,
야채 주스 3병,
사탕 한 움큼에
감나무 그늘 아래
신문지 상차림으로
이야기꽃 춤을 추니

어머님 기억은 쉶도록 살아나고
서동떡, 박씨아저씨, 문채엄마, 기동이이장님
술 술 술……
볼 수 없는 이웃을 찾는다

작은 동네 우리 집은
흔적도 없이
대나무 밭이 되어
빈터의 외로움으로
울음 울고

어느새
비우고 버리며
침묵으로 돌아오는 길
들판을 응시하던 어머님의 중얼거림
"내가 너무 오래 살고 있구나"

차창밖엔
가을 이파리 툭 툭
한 잎 두 잎 휘날리고…

옆자리 막내 동생 눈가엔 그렁그렁
젖어드는 이내 가슴
먹먹함이 타들어간다

다행이다

빽빽한 뙤약볕 아래
피할 길 없는 더위 속
콩밭 이랑이
쭈그리고 질질 끄는
어머니의 뒷모습

심장이 쿵 떨어지고

아주 천천히 식어가는
쓸쓸하고 애달픈
삶의 끝자락

당신께 가져간
수박 한 덩어리
반은 가져가라는
성화에 못 이겨

커다란 쟁반 위에 올려놓고
끓어오르는 분노를
두 쪽으로 자른다

가슴 무너지는 앙상한 모습
지는 해 바라보며
다행이다
그래도 행복한 날

아름다운 추억

사랑
연습의 날들이었을까
전부라고 생각했었다
영원히 함께라고

오랫동안 아팠지

복숭아 솜털처럼
풋풋했던 날들
용광로 불기둥처럼
피 끓는 청춘의 날들

여기까지 흐르고

벚꽃 춤추는 봄날
한 편의 서정 영화처럼
묘한 마력의 눈동자
이루지 못한 사랑의 절절함
꿈틀거리며
가슴은 뛰고 있었다

육신의 주인 되어
살아갈 시간들이 얼마나 남았을까
순백의 아름다운 동행
꿈에서 깨어나면서

이제는 알겠다

후회 없이 사랑하자
멀리 있어도
함께 있는 듯
눈부신 하루의 허락
노을 보면서

떠나고 나면 남은 자
아프지 않도록

꽃송이

망울망울 이슬 맺힐 무렵
찬바람 된서리 내리쳤네

가지마다 흐르던 물관 마르고 시들어
빛 잃어 갈 즈음 어미 마음
매서운 기운으로 하늘 기도하던 날들

우리네 세상인심
넉넉하지 못하고
농촌 무지렁이 어우렁더우렁
맺히는 피고름 먹먹한 한숨 소리
생가슴 뜯는 아픔으로 묵묵히 지켜보았네

눈치 백 단 어린 꽃송이들
회색빛 헤치며 따뜻한 그 봄날
멍울진 아픔 뒤로 깊숙이 감춰진
2월 끝자락과 이별하고 제주 비자림의 해후
상처 난 조각들 뒤로하고 아주 잠시라도
화사한 꿈의 꽃밭 피우네

골 깊은 한숨 끊임없이 성토하는
안도의 기쁨 생각이 깊은 밤
새롭게 맞이하는 춘삼월 봄날이여

이 밤 지새도록 달과 별꽃을 따 담고
손에 손잡고 파도 소리 물길 따라
옛 추억 듬뿍 마시며 꽃바람 봄바람 취해
함박웃음 벙그는 봄날이라네

사랑한다

지난날 돌아보니
후회는 높은 산을 치솟고
흐르는 강물은 끝없는 바다를 덮는다

잠자는 딸아이 모습은
어미의 에이는 가슴
눈물을 멈출 수 없게 만들고
씻지 않은 아들의 잠자리는
어미 가슴 도려내는
아픔을 꾹꾹 누르게 했었지

일어나지도 않은 두려움으로
사랑한다
말도 못했다

당근 아닌 채찍으로
둥그런 원을 모른 채
뾰족한 각을 세운 채
작대를 들이대며 몰아세웠다

딸아
사랑했었다
아들아
사랑했었다

어느 날 문득
세상에 내가 없다면
그때는 모든 게 부질없겠네
더 늦기 전에 내 마음 고백해야지

딸아
사랑한다
아들아
사랑한다
아들딸아
하늘만큼 땅만큼
사랑한단다

이방인

서로를 채워가던
따뜻한 불씨 간곳없고
애간장 태우던 가슴은
상처로 얼룩져 끝내
표류했던 망망대해 침묵한다

어느 하룻날 찾아온
푸른 하늘에 자유
한 장 책갈피를 채우듯
터질듯 부풀어 가을바람 불게하고
허락도 없이 떠나는 준비된 말장난

바늘방석 높은 자리
흔들거렸던 마음
애달픈 노랫가락
구절초 몸짓으로
춤을 춰 봐도
떨리는 입술
영접도 못 했는데
바람은

외로운 노인네
전화통을 붙들고 눈물 섞인 하소연

울퉁불퉁 걸어온 길
당신도 나도 시들고
가느다란 목소리로
서로를 확인하는 밤
어느새
시간이 숨길을 막아
거친 숨 몰아쉬며
쩌벅쩌벅 걷고 있네

마음의 눈

고향 땅
더 멀리 보여주고 싶은 욕심으로
물 한 모금만도 못한
세상 이야기 펼치느라
심신이 지쳐 피곤한 당신을
볼 수 없었습니다

마음의 길잡이
절대자의 말씀 따라
유리벽 속에서
세상 구경 나들이
새벽녘 어둠을 걷고
벗을 찾아 하루 구경에
어지러운 세상
멀미가 나고 구토를 일으키는 걸
보이지 않았습니다

실타래 끝에
고단함을 매달고
지친 마음 깊숙이
담고 온 그대를

오랜만에 맞이한
달짝지근한
추억에 취해서
볼 수가 없었습니다

정갈하게
수녀복 차려입은
아름다운 당신
커져만 가는 욕심 앞에
만남은 짧고
제자리 찾아
떠나가는 뒷모습

약속합니다
다음 만남엔
2박 3일
암막커튼 거두지 않은 자유를…

귤 나눔의 추억

여성단체 봉사 날
선입견을 버리라는
주의사항 지침의 교육을 끝으로
소록도 제2관문
한센인의 집단촌을 찾았었지

삼삼오오 조를 지어
허름한 어느 집
현관문을 여는 순간
파리 떼 무리 속
하얀 이를 보이시며
반기던 한센인 할머니

마리안느 할머니도
마가렛 할머니도
고향으로 떠나시던 날

세상살이 힘들어
까맣게 잊고 살았던
귤 3개씩 손에 쥐어 주던
한쪽 얼굴 무너진 한센인 할머니는 지금쯤

별빛 내려와 속삭이는 밤
천상의 행복자리 누리시려나
선명하게 그려지는 할머니 모습 반짝이네

녹동항

간밤엔
바늘귀 문틈 사이로
쉼 없이 주먹비가 내리더니
대뇌에 수면 시계가
알람을 울리고
초록빛 세상은 눈을 뜬다

어부의 선새벽 바다는
곡예를 타며 왁자지껄
알아들을 수 없는 질서의 소리를 따라
체중을 일으키는 파닥이는 활어들이
흥건히 우선순위 이름표를 붙이고

하루의 수익을 놓쳐버린 중개인의 심사는
꼬인 꽈배기가 되어
습도 만땅을 들이마신
얼룩진 장화 발길로
갯내음 부스러기를
흘리며 짜증을 부린다

바다 위 일몰 따라
장어길 걷던 날
삼삼오오 동동주 한 사발
그리운 시절이
스크린 위에서 춤을 추고

지친 하루가
늘어선 밥줄 허름한 뱃머리를 맴돌며
적자생존 마지막 기적소리
녹동항을 찾아들 때
선상 계단길
안도의 숨을 쉰다

유자차 사랑

시끄러운 세상
가시덤불 헤집고
물안개 나직이
오작교를 날아서
벌 나비 밀어의 사랑
마술의 힘으로
하얀 꽃 피우더니

뜨거운 여름 햇살
비지땀을 흘리며
타는 목
하늘 비를 기다려
절절한 빛의 고독으로
구슬치기 짱돌만큼
알차게도 자랐지

담장 넘어 시간 따라
따스한 가을바람
웃음 먹고
꾸밈도 과장도
잔머리 거짓 없이

낮과 밤의 문패로
고운 모습 가꾸었네

엄동설한 서리 속에
하얀 분 온몸 가득
임의 입맛 맞추어
곱게 차려 입은 채
투명 가마 올라앉아
멀~리 유자 고을 새아씨
시집을 가는구나

꿀벌의 합창

꽃봉오리 터지는 봄소식에
새악시 볼처럼 붉게 타오르던 벌들은
굳게 잠긴 빗장을 열어젖히고
기다림에 타버린 애간장으로
꽃들의 향기 품으며
융성한 한때를 누렸지

아직은 찬바람 봄을 맞으며
지난겨울 굶주린
서러운 울음 그치고
가슴뼈까지 녹여내는 해맑은 날갯짓으로
꽃술 깊숙이 빠져버린
뜨거운 입맞춤 황홀한 축제

틈새 없이 조각된
오천 년 역사 흐르는
육각수 궁전에서
가냘픈 몸매
여왕님 모시고
게미진 단맛 찾아
하얀 날개 윙윙

천하를 호령했던
화려한 추억을 간직한 채

이상 기류 따라
사라져가고
육각수 궁전은 조용한 시골집 천장에
장식품 되어
덩그러니
주인을 기다리며 옛날을 회상한다

후회

긴 병에 효자 없다 했던가

오이나물 버섯나물 부추나물
명태 넣고 무국 끓여
어머님 보고 오는 길

오늘도
음식 타박 하지 않길…

생선 비린내 역겨워 드실 수 없으시단다

정성들여 만든 음식 투정하시니
짜증 섞인 말투 곱지 않은 시선
어머님 향해 몇 마디 쏘아붙이고
뒤돌아오는 길

참을 걸 참아야 했는데

달리던 차 세워놓고 소리죽여 통곡한들
때늦은 후회
저녁노을 지는구나

잠 깨운 빗소리

창문 내리치는 성난 빗소리에 깨어나
잠들지 못한 시간을 부여잡고
뜬눈으로 새우는 밤

현관 유리문 두드리는
빗방울 크기는 점점 커져만 가고
뿌옇게 흐려진 그림들

지나온 시간 보고픈 얼굴들 스치고
주르륵주르륵 빗소리에 섞이어
흐려진 눈가 촉촉이 내 눈물도 흐른다

손바닥 활짝 펴고 흐려진 창문에 뜻 모를
그림들을 펼쳐 보이며 추억을 건다 보니

어느새 밝아오는 새벽 문
빼꼼히 빗소리를 물리치고 뚜벅뚜벅
하루길 걷는다

김천우
시인, 문학평론가, (사)세계문인협회 이사장

『꽃이 되고 싶었다』 시(詩) 제목만 봐도 울컥 솟아오르는 시의 화자가 요동을 치는 시편들이다. 순결하고 단아한 한 송이 백합화 같기도 하고 눈보라 속에서도 꽃을 피우는 동백의 빠알간 순정 같은 시인의 불타는 여정은 이 한 권의 시집에서 구구절절 마디마디 혼절하도록 기막힌 한 여자의 파란 많은 일생이 고스란히 담겨있다. 프랑스 작가 모파상의 장편소설 속 주인공과 차복순 시인의 삶이 클로즈업되었다.

모파상 본연의 염세주의적 세계관에 뿌리를 둔 여자의 일생에도 인간의 내면세계와 삶을 관조적으로 바라보는 작가의 성숙한 시선과 짙은 비애 속에서 교차되는 부분들이 차복순 시인의 시적화자에서 통한의 세월 동안 누에 실 풀어가듯 써내려간 담담한 고독의 절창이 애간장을 녹여낸다. 모질고 거센 폭풍우 같은 세상풍파 홀로 견디어 내기에는 너무나 천진난만한 아이 같은 그녀, 여리고 여린 언어의 속살이 행여 상처라도 생길까? 하는 어미의 마음처럼 쓰다듬으며 어린아이 다루듯 가슴으로 품어도 보았다. 낭만과 감성의 땅 고흥에서 태어나 고향지킴이 여류시인으로 여장부처럼 대찬 인생 푸른 숲처럼 잘 가꾸어가는 시인의 인생여정이 아름답다 못해 짠하다. 시편마다 사모의 정이 시인의 연륜만큼 묻어있다. 요즘 세상에 저리도 지고지순한 여자의 일생을 살아가는 사람도 있을까 하는 의문점이 생길 만큼 대나무처럼 곧은 절개와 정신세계는 시세계를 통하여 충분히 가늠할 수 있다.

시인은 바다를 배경으로 한생을 살아가고 있지만 때로는 사춘기 시절부터 무지갯빛 꿈을 꾸면서 어여쁘고 향기로운 꽃이 되고 싶었는지도 모른다.

고진감래(苦盡甘來)란 어원처럼 쓰디쓴 어려움이 지나가면 달콤한 행복이 찾아오듯이 고생 끝에 복락이 반드시 올 것이라는 예감이 시인의 시세계를 통하여 만날 수 있다. 지금까지 모진 역경도 거뜬하게 이겨내신 백절불굴(百折不屈) 정신이 '꽃이 되고 싶다'라는 시인의 함축된 시어 속에 해법이 있으며 백 번 꺾여도 굴하지 않으며 백 번의 어려움에도 포기하지 않고 반드시 이루어낸다는 무서운 투지력과 의지는 시인의 변치 않는 지고지순한 사랑 가운데 영원히 빛날 것이라 믿어 의심치 않는다. 다시 한 번 시집 상재를 축하하며 백세인생 꽃 중의 꽃 보배로운 꽃으로 거듭나소서.

문학세계대표작가선 991

꽃이 되고 싶었다

차복순 시집

인쇄 1판 1쇄 2023년 5월 16일
발행 1판 1쇄 2023년 5월 30일

지 은 이 : 차복순
펴 낸 이 : 김천우
펴 낸 곳 : 도서출판 천우
등 록 : 1992. 2. 15. 제1-1307호
주 소 : 서울시 성동구 무학봉28길 6 금용빌딩 2F
전 화 : 02)2298-7661
팩 스 : 02)2298-7665
http://blog.naver.com/cw7661
E-mail : cw7661@naver.com

값 20,000원

ISBN 978-89-7954-900-3